सुदामा पाँड़े का प्रजातन्त्र

(कविताएँ)

सुदामा पाँड़े का प्रजातन्त्र

सम्पादन एवं संकलन

रत्नशंकर

वाणी प्रकाशन

प्रकाशन के उत्कृष्टतम 62 वर्ष

vaniprakashan.com

पेपरबैक प्रथम संस्करण : 2001
पेपरबैक द्वितीय संस्करण : 2019
पेपरबैक तृतीय संस्करण : 2025

वाणी प्रकाशन

4695, 21-ए, दरियागंज, नयी दिल्ली-110 002

फ़ोन : + 91 11 23273167, 23275710

शाखाएँ

अशोक राजपथ, पटना-800 004, बिहार

कॉफ़ी हाउस कैम्पस, महात्मा गांधी मार्ग, प्रयागराज-211 001, उत्तर प्रदेश

महात्मा गांधी अन्तरराष्ट्रीय हिन्दी विश्वविद्यालय, वर्धा-442 001, महाराष्ट्र

sales@vaniprakashan.in
vaniprakashan@gmail.com

Sudama Pandey Ka Prajatantra
by Dhoomil

ISBN : 978-93-5072-645-7
Collection of Poems

मूल्य : ₹ 150

जी.एस. ऑफ़सेट, दिल्ली-110 095 में मुद्रित

वाणी प्रकाशन का लोगो मक़बूल फ़िदा हुसैन की कूची से

न कोई प्रजा है
न कोई तन्त्र है

यह आदमी के खिलाफ
आदमी का खुलासा
षड्यन्त्र है।

दो शब्द

'संसद से सड़क तक' में संगृहीत कविताएँ 1966 से 1970 के बीच की हैं, जिसका प्रकाशन 1972 में हुआ। इसके बाद धूमिल (मेरे पिता) का पटना के एक प्रकाशक के साथ कविताओं के एक संग्रह को छापने के लिए अनुबन्ध हुआ था। वह अनुबन्ध. पत्र उनकी फाइल में मेरे पास आज भी है; लेकिन उनकी मृत्यु के बाद प्रकाशक महोदय से पत्र-व्यवहार करने पर पता चला कि उन्होंने कोई पाण्डुलिपि नहीं दी थी। यद्यपि, जब वे बीमार थे तो अपने आगामी संग्रह के बारे में बात के दौरान कहते थे कि उसको पढ़ने के बाद कुछ लोग या तो अपनी लेखनी बंद कर देंगे या फिर नया रुख अख्तियार करेंगे। और भाषा 'संसद से सड़क तक' की काव्य-भाषा से आगे की होगी।

'संसद से सड़क तक' के बाद उनके जीवन-काल में कोई दूसरा संग्रह प्रकाशित नहीं हुआ। मरणोपरान्त मेरी माताजी श्रीमती मूरत के आर्थिक सहयोग से 'कल सुनना मुझे' का प्रकाशन हुआ। फिर पारिवारिक कलह के कारण एक लम्बे अर्से तक कोई संग्रह प्रकाश में न आ सका। फलतः, "धूमिल के पास अब कुछ नहीं है," 'संसद से सड़क तक' के बाद उन्होंने कुछ नहीं लिखा, 'समय के साथ वे चुक गए' आदि-आदि न जाने कितने नारे उनके ख़िलाफ गढ़े गए। प्रचारित-प्रसारित हुए।

खैर, जो होना था हुआ !

1970 के बाद की उनकी लगभग सभी महत्त्वपूर्ण कविताओं को इस संग्रह में समेटने का मेरा आग्रह रहा है। इसमें लगभग पच्चीस कविताएँ उनके जीवन-काल में ही पत्र-पत्रिकाओं में प्रकाशित हुई थीं। शेष अप्रकाशित पाण्डुलिपि से ली गई हैं।

बस, हमें यही कहना था ! संग्रह आपके सामने है। आप कविताओं को उन्हीं के गुण-दोष के आधार पर देखें, उन्हीं से कवि की सफलता-असफलता और उसके

आदर्शों की परख करें। आलोचकों द्वारा आरोपित पूर्वग्रहों से हटकर उनकी कविताओं का पुनर्मूल्यांकन अति आवश्यक है। हमारा विश्वास है कि इस संग्रह से आपको तृप्ति मिलेगी।

—रत्नशंकर

भूमिका

(प्रथम संस्करण से)

स्व. 'धूमिल' के जीवनकाल में उनका केवल एक संग्रह छपा—**संसद से सड़क तक** और इतना चर्चित हुआ जितनी किसी युवा कवि की रचना नहीं हुई। कारण यह नहीं था कि धूमिल ने कविता के मुहाविरे को तोड़ा और वर्जित शब्दावली का प्रयोग ऐसे किया जैसे उनमें कोई चौंकाने की बात न हो, सामान्य अभ्यास हो, न यह था कि धूमिल ने अपने समय की विसंगति को तेज छुरी जैसी भाषा दी, कारण मेरी समझ में यह था कि एक ठेठ गाँव का आदमी शहर में आया, वामपन्थी तेवर ने उसे खींचा, पर आदमी गाँव का था, तेवरवालों के ढोंग से वह तिलमिलाया, उसने यह तल्खी एक घूँट में गले के नीचे उतारी और आदमी-आदमी के रिश्ते की जाँच करने लगा, और तिलमिलाया जब उसने देखा कि बेटे और माँ के बीच का रिश्ता, 'आदमी और 'आदम इरादों से बित्ता भर उठी हुई पृथ्वी' के बीच का रिश्ता कहीं नहीं है :

पता नहीं कब गिर गया वह
तेरे आँचल
मेरी फटी हुई जेब से
इन दिनों खाली हाथ हम
दोनों जीने के लिए विवश हैं
एक दूसरे को दिए गए फरेब से

उसकी कविता फरेब की पहचान बनी, एक खरी पहचान।

'धूमिल' का दूसरा संग्रह **कल सुनना मुझे** उनकी मृत्यु के बाद छपा, उसको साहित्य अकादेमी ने पुरस्कार से सम्मानित किया। धूमिल आलोचना के घेरे में आए।

और अब यह तीसरा संग्रह **सुदामा पाँड़े का प्रजातन्त्र** धूमिल के सुपुत्र रत्नशंकर के प्रयत्न से प्रकाशित हो रहा है। इस संग्रह की कविताओं में धूमिल की चिन्ताएँ कई प्रकार की हैं। एक चिन्ता है कि :

सातवें और आठवें दशकों की छूटती हुई सरहद की
बाड़ पर
टोबा टेकसिंह की तरह मरती है कविता

उसे लगता है कि :

मेरे भीतर की आग उसी तरह जलती है
पर
मेरी कविता डड़इओं के बीच
शब्दों की राख उगलती है

और इस पहचान के बाद धूमिल संकल्प लेना चाहते हैं कि :

मैं साहस नहीं चाहता
मैं सहज होना चाहता हूँ
ताकि आम को आम
और चाकू को चाकू कह सकूँ।

धूमिल का विश्वास तलाश करता है उस लड़के की जो :

एक साथ चुन लेना चाहता तितलियाँ
स्कार्फ, होंठ और फूलों
के जादुई रंग

क्योंकि धूमिल जानते हैं कि **दुधमुँही दिलचस्पी** और **कुलबुल जिज्ञासा** को मारने के लिए "इस पृथ्वी पर कोई गोली नहीं बनी।"

धूमिल उन रिश्तों की तलाश करना चाहते हैं जो हैं; लेकिन खुलते नहीं हैं। वे स्वजनता के खोने का कारण ढूँढ़ना चाहते हैं और थोड़ा जोखिम उठाना चाहते हैं यह कहने का कि :

दीवाल पर हाथ रखते और कहते
यह मेरा घर है।

वस्तुतः धूमिल का कविहृदय अपनी तिलमिलाहटों के बावजूद एकमात्र इसी विचार से रचना करना चाहता है :

लोकतन्त्र के

इस अमानवीय संकट के समय
कविताओं के जरिए
मैं भारतीय
वामपन्थ के चरित्र को
भ्रष्ट होने से बचा सकूँगा ।

धूमिल एक **सार्वजनिक** और **क्रमिक मौत पाने** के बजाय अकेले होकर मरना पसन्द करते हैं परन्तु अमानवीय संकट उन्हें कविता के जरिए सार्वजनिक बनने के लिए विवश करता है और कविता की यह कोमलता उन्हें मानवीय रिश्तों से ही मिलती है। इस संग्रह में जो कविताएँ ऐसे सम्बन्धों में अर्थ ढूँढ़ने के लिए लिखी गई हैं उनमें यह सहजता है जिसे धूमिल सबसे बड़ा मानवीय गुण मानते हैं। **पत्नी के लिए** शीर्षक कविता की ये पंक्तियाँ :

तुम्हारी अँगुलियाँ जैसे कविता की
गतिशील पंक्तियाँ हैं

या **प्यार** शीर्षक कविता की ये पंक्तियाँ :

मैं प्यार को नहीं जानता
सिर्फ जानता हूँ कि हम दोनों
ज्यादातर चुप हैं या जब भी हम बोलते हैं
मेरे शब्द तुम्हारे शब्दों को
ढक लेते हैं

उस तल्ख अनुभव के लिए और जीवन को झेलने के लिए एक पाथेय हैं जो इन पंक्तियों में इस प्रकार व्यक्त होता है :

मैं भाषा के जबड़े में कैंसर की गाँठ हूँ
मेरा जानना ही मेरा जलना है

और स्वजन और स्वजनता ही की तलाश ही उन्हें जनतन्त्र के उस जन (जाननेवाले और नकारनेवाले) का पुनर्निर्माण करने की प्रेरणा देती है जो डंके की चोट पर यह कह सके :

और इस तरह
धुन्ना कविताओं
चुन्ना राजनीति
और मुन्ना विद्रोह को
ठेंगा दिखाएँ

मैं कविता का पाठक हूँ और कविता को कविता के रूप में ग्रहण करता हूँ मतवाद के रूप में नहीं। मतवाद का आग्रह और एक जोरदार आग्रह जीवन में संवेदनशील व्यक्ति के लिए आवश्यक है यह भी मानता हूँ, पर कविता को मैं मतवाद से नियंत्रित नहीं देखना चाहता—उसे मतवाद की तीखी आँख से जाँचने की प्रक्रिया मानता हूँ क्योंकि कविता का मनुष्य कविता करनेवाले मनुष्य से अधिक बड़ा होता है। धूमिल की कविताओं में कविता के मनुष्य की पहचान जहाँ कहीं मिलती है वहीं मैं उनकी कविता का श्रेष्ठ अंश पाता हूँ और उसको सामने रखकर उनकी असह्य तिलमिलाहट को देखता हूँ तो मुझे यह तिलमिलाहट अतिरंजित नहीं लगती।

मुझे पूरा विश्वास है कि धूमिल को उनकी सम्पूर्णता में जाँचने की जब कोशिश की जाएगी तो उनकी सभी भंगिमाएँ परखी जाएँगी, केवल एक खास किस्म का तेवर ही नहीं जो अपने पक्ष में हाथ उठाता दिखता है। हकीकत यह है कि धूमिल की कविता किसी भी पक्ष में हाथ नहीं उठाती क्योंकि वह किसी के साथ दूर तक नहीं चल पाती, वह बहुत तेज आगे दौड़ती है। धूमिल का 'टेकू बनिहार' धूमिल के लुहार कवि को चेताता है :

हँसुए पर ताव जरी ठीक तरे देना
कि धार मुड़े नहीं आजकल
छिनार निहाई ने
लोहे को मनमाफिक हनने के लिए
हथौड़े से दोस्ती की है।

धूमिल हँसुए पर बराबर इसीलिए ताव देते रहे, कुछ अतिरिक्त भी और उस अतिरेक के ही कारण संप्रेषण की समस्या भी कहीं-कहीं खड़ी हो जाती है। लोग मुझसे सवाल पूछते हैं कि धूमिल की कविता में यौन प्रतीकों का इस तरह इस्तेमाल क्या आवश्यक है, क्या उचित है? मैं एक ही उत्तर देता हूँ कि शायद धूमिल के गाँव वाले मन को बात सीधी तौर पर कहने के लिए लाचारी से इतना आक्रामक होना पड़ा है। मैं उनकी भाषा का न पक्षधर हूँ न स्त्री के शरीर का इस तरह भाषिक उपयोग करने को काव्योचित मानता हूँ, परन्तु जो कवि फरेब से, हर एक तरह के फरेब से एकदम अफना गया हो वह शहरी नारी-गरिमा के फरेब को भी दूर फेंक देता है, शायद उसका उत्साह विस्थापित है, पर उसका ईमान अपनी जगह पर है और यही बात हमारे लिए अधिक महत्त्वपूर्ण होनी चाहिए। धूमिल के काव्य में काम नहीं है, कामुकता के प्रति गहरी वितृष्णा है। वह पाण्डेय बेचन शर्मा उग्र की तरह गरिमा के लिए ही कुछ तीखा होना चाहता है। धूमिल के काव्य की जाँच इसीलिए धूमिल की वास्तविक चिन्ता की दृष्टि से की जानी शेष है, भाषा के तेवर की, विचार की

तीक्ष्णता की चर्चा तो बहुत हो चुकी है।

अन्त में मैं रत्नशंकर को और वाणी प्रकाशन को हार्दिक बधाई देना चाहूँगा कि उन्होंने धूमिल के सम्पूर्ण कृतित्व को शृंखलाबद्ध रूप में छापने का संकल्प लिया है। धूमिल का गद्य जब सामने आएगा तो धूमिल की गहरी मानवीय चिन्ता और अधिक स्पष्ट रूप में प्रतिभासित होगी।

—विद्यानिवास मिश्र

अनुक्रम

सुदामा पाँड़े का प्रजातन्त्र : (एक)	19
सुदामा पाँड़े का प्रजातन्त्र : (दो)	21
ट्यूशन पर जाने से पहले	22
न्यू गरीब हिन्दू होटल	24
कविता के भ्रम में	26
बसन्त से बातचीत का एक लमहा	28
रणनीति	30
ताजा खबर	32
कोडवर्ड	34
सूखे की छायाएँ और एक शिशिर सन्ध्या	35
संसद-समीक्षा	37
संयुक्त मोर्चा	40
कर्फ्यू में एक घण्टे की छूट	43
घर में वापसी	46
गृह-युद्ध	48
रोटियों का शहर	50
मैमन सिंह	51
लोकतन्त्र	54
मैंने घुटने से कहा	55
अगली कविता के लिए	56
पर्वतारोहण : नवम्बर 1971	58
बीसवीं शताब्दी का सातवाँ दशक	59
मैं सहज होना चाहता हूँ	61
मेरा गाँव	63
शिविर नम्बर तीन	65
चानमारी से गुजरते हुए	66

नौजवान 68
जनतन्त्र : एक हत्या सन्दर्भ 69
मुक्ति का रास्ता 76
गुफ्तगू 78
मतदाता 79
चुनाव 81
सिलसिला 82
'स' और 'त' का खेल 84
निहत्थे आदमी से कहा 86
हरित क्रान्ति 88
हरित क्रान्ति (एक) 89
हरित क्रान्ति (दो) 91
हत्यारे (एक) 93
हत्यारे (दो) 95
वापसी 98
अब मैं अगली योजनाओं पर बात करूँगा 99
लोहसाँय 100
कभरा 103
आदम इरादों से बित्ता भर उठी हुई पृथ्वी 105
खून का हिसाब 107
नींद के बाद 109
रात्रि-भाषा 111
कविता 112
भूख 113
प्रस्ताव 115
तुमने कहा— 117
नौ मादा कविताएँ : एक : पी. सुदामा और मूर्ति के लिए 118
दो : पत्नी के लिए 120
तीन : सत्यभामा 121
चार : पुरबिया सूरज 123
पाँच : पाँचवें पुरखे की कथा 124
छह : चमड़े को गाने दो प्यार 126
सात : प्यार 128
आठ : स्त्री 130
नौ :... 131

सुदामा पाँड़े का प्रजातन्त्र

सुदामा पाँड़े का प्रजातन्त्र : (एक)

सेर भर कबाब हो
एक अद्धा शराब हो
नूरजहाँ का राज हो
खूब हो—
भले ही खराब हो
(एक लोकोक्ति)

भेंट :

कल सुदामा पाँड़े मिले थे
हरहुआ बाजार में। खुश थे। बबूल के
बन में बसन्त-से खिले थे।
फटकारते हुए बोले, यार ! खूब हो
देखते हो और कतराने लगते हो,
गोया दोस्ती न हुई चलती-फिरती हुई ऊब हो
आदमी देखते हो, सूख जाते हो
पानी देखते हो गाने लगते हो।
वे जोर से हँसे। मैं भी हँसा।
सन्त के हाथ—बुरा आ फँसा

सोचा—
उन्होंने मुझे कोंचा। क्या सोचते हो ?
रात-दिन
बेमतलब बवण्डर का बाल नोचते हो
ले-देकर एक अदद
चुप हो।

वक्त को गँजेड़ी की तरह फूँकते रहे हो
चेहरे पर चमाइन मूत गई है। इतनी फटकार
जैसे वर्षों से अपनी आँखों में थूकते रहे हो।
अरे यार, दुनिया में क्या रखा है?
खाओ-पियो, मजा लो
विजयी बनो-विजया लो
रँगरती
ठेंगे पर चढ़े करोड़पति।

सुदामा पाँड़े का प्रजातन्त्र : (दो)

न कोई प्रजा है
न कोई तन्त्र है
यह आदमी के खिलाफ
आदमी का खुलासा
षड्यन्त्र है।

x

हर बार की तरह
तुम सोचते हो कि इस बार भी यह
औरत की लालची जाँघ से
शुरू होगा और कविता तक
फैल जाएगा।
बिल्ली का पंजा
चूहे का बिल है।

ट्यूशन पर जाने से पहले

अपनी अध्यापिका का किताबी चेहरा पहनकर
खड़ी हो जाएगी वह खूबसूरत शोख लड़की
मगर अपनी आँखें
वह छिपा नहीं पाएगी जहाँ बसन्त दूध के दोने फेंक गया है।
आज और अभी तक
नन्ही गौरैया के पंखहीन बच्चों का घोंसला है
उसका चेहरा और कल
या शायद इससे कुछ देर पहले

यह शहर उस शोख और खिंचे हुए
चेहरे को
घर में बदल दे। मेरी पहली दस्तक से थोड़ी देर
पहले
तब मेरा क्या होगा ?
मुझे डर है
मैं वापस चला आऊँगा। अपनी कविताओं के अँधेरे में
चुपचाप वापस चला आऊँगा।
बिल्कुल नाकाम होंठों पर एक वही पद-व्याख्या
बार-बार लिंग, वचन, कारक या संज्ञा, सर्वनाम
या, शायद, यह सब नहीं होगा। अपनी नाबालिग आँखों से

वह सिर्फ इतना करेगी कि हम दोनों के बीच
काठ या सपना रख देगी। और पूछेगी
उसकी व्याख्या। किताब को परे सरकाती हुई उसकी आँख
निश्छल ! निष्पाप !!
मगर आँखें शहर नहीं है ऐ लड़की !
पानी में बसी हुई कच्चे इरादों की एक भरी पूरी दुनिया है
आँखें ! देह की इबारत के खुले हुए शब्दकोश !
जिसे पढ़ते हैं।
लेकिन यह देखो—
हम अपने सम्बन्धों में इस तरह पिट चुके हैं
जैसे एक गलत मात्रा ने
शब्दों को पीट दिया है।

न्यू गरीब हिन्दू होटल

और फिर रात में
जब चीजें एक सार्वजनिक लय में
दुहराई जाने लगती हैं
होटल की माँद में
थकाहारा
बर्तन माँजनेवाला घीसा—
अपने से दस-बारह साल छोटे
लड़के की
गुदगर देह से सटा हुआ
जलेबियों का सपना देखता है

प्लेट साफ करते हुए
लड़के का सोना
क़ानूनी है कानूनी है

रोटी दो रोटी दो
सुरुवा दो सुरुवा दो
कीमा दो
बोटी दो

मालिक का सीझा हुआ चेहरा
जैसे बासी रोटी पर किसी
शरारती महराज ने
दो आँखें बना दी हों
थाली आते ही मेरी टाँगों के नीचे
एक कुत्ता आ जाता है
कुर्सी से कौर तक फिर वही कुकुरबू

रोटी खरी है बीच में
पर किनारे पर कच्ची है
सब्जी में नमक ज्यादा है
पता नहीं होटल के मालिक का पसीना है या
महराज के आँसू
(इस बार भी देवारी में उसे घर जाने की
छुट्टी नहीं मिली।)

कविता के भ्रम में

क्या तुम कविता की तरफ जा रहे हो ?
नहीं, मैं दीवार की तरफ
जा रहा हूँ।
फिर तुमने अपने घुटने और अपनी हथेलियाँ
यहाँ क्यों छोड़ दी हैं ?
क्या तुम्हें चाकुओं से डर लगता है ?

नहीं मैं सहनशीलता को
साहस नहीं कहता।
और न दुहराना ही चाहता हूँ
पैसे भर जुबान से पिछली उपलब्धियाँ :
अपनी भूख और लड़कियाँ
नींद के सिरहाने फैली हुई
शेर छाप तकिये की बू
नेकर में नाड़े-सी पड़ी हुई पत्नी का प्यार
रिश्तों की तगार में ऊँघती हुई
एक खास और घरेलू किस्म की थू
आक् !

कविता के कान हमेशा चीख से
सटे रहते हैं !

नहीं; एक शब्द बनने से पहले
मैं एक सूरत बनना चाहता हूँ
मैं थोड़ी दूर और-और आगे
जाना चाहता हूँ

जहाँ हवा काली है। जीने का
जोखम है। सपनों का
वयस्क लोक-तन्त्र है। आदमी
होने का स्वाद है।

मैं थोड़ा और आगे जाना चाहता हूँ
जहाँ जीवन अब भी तिरस्कृत है
संसद की कार्यवाही से निकाले गये वाक्य की तरह।

अच्छा तो विदा मित्र ! विदा
जाओ,
लेकिन मैं जानता हूँ कि कल
जब भाषा की तंगी में ऊबते हुए
अपने शहर में वापस आओगे
तुम मुझे गाओगे जैसे अकाल में
खेत गाये जाते हैं
और अभियोग की भाषा के लिए
टटोलते फिरोगे वे चेहरे
जो कविता के भ्रम में
जीने के पहले ही
परदे के पीछे
नींद में मर चुके हैं।

बसन्त से बातचीत का एक लमहा

वक्त जहाँ पैंतरा बदलता है
बेगाना
नस्लों के
काँपते जनून पर
एक-एक पत्ती जब
जंगल का रुख अख्तियार करे

आ !
इसीलिए कहता हूँ, आ
एक पैना चाकू उठा
खून कर
क्योंकि यही मौसम है :
काट
कविता का गला काट
लेकिन मत पाट
रद्दी के शब्दों से भाषा का पेट
इससे ही
आदमी की सेहत
बिगड़ती है।

हल्का वह होता है,

लेकिन हर हाल में
आदमी को बचना है

गिरी हुई भाषा की खोल में
चेहरा छिपाता है
लेकिन क्या बचता है ?

बचता कत्तई नहीं है।

ऐसे में
ऐसा कर
ढाढस दे
पैसा भर

इतना कह
भाई रे !
करम जले मौसम का
नंगापन
नंगई नहीं है।

आ मरदे !
बैठा है पेड़ पर
विधवा के बेटे-सा
फक्कड़-मौलान

नीचे उतर
आदमी के चेहरे को
हँसी के जौहर से
भर दे।
परती पड़े चेहरों पर
कब्जा कर।
हलकू को कर जबर।

रणनीति

भाषा और हवा में एक नाटक चल रहा है
सालों और दिनों से सुदूर

लेकिन पहली बार
भाषा का पलड़ा भारी पड़ रहा है
आदमी ने अपने दाँत उसके साथ
कर दिए हैं।

मैं भागता नहीं, सिर्फ
मैं अपना चेहरा बाहर निकाल कर
हवा में, एक गोल दायरा छोड़ देता हूँ
बन्द, हत्यारे की बन्दूक दगती है

दीवार में एक चेहरा बन जाता है
और आततायी चौंक पड़ता है
सुनकर ठीक अपने पीछे
दीवार की दूसरी ओर से आता हुआ
मेरा उद्दाम अट्टहास।

सहसा दूसरी बार
मैं एक खोमचे में चला जाता हूँ

और आखिरी बार—
चोली में
छिपा चला जा रहा हूँ।

किताबों का झूठ खोल कर
बैठी रहती हैं वहाँ लड़कियाँ
उनके बालों में रात
गिरती रहती है

कुहरे और नींद से बाहर
एक सपना कुतरता है
दूसरे सपने का जिस्म,
भाषा की हदों से
जुड़ा हुआ मौन
पिछले किस्से सुनाता है।

ताजा खबर

न खुलने वाली
अँगुलियों की तरह एक मुट्ठी हैं
मेरे पाँचों भाई।

मैं सोचता हूँ अपना परिवार
कल तक—
हम अपने मतदान से बाहर
भरम में
एक हँसते-गाते, पलते-पलाते
लोकतन्त्र थे।

पाँच अदद मर्द और पाँच अदद औरतें
सात-आठ बच्चे और चार-पाँच ढोर
और गाँव बनने में
जो कसर थी
नीम की एक टहनी और
एक कर्कश कौवे ने
उसे पूरा कर दिया था।

हम एक तरीका थे। खुराक थे। कल तक
औसतन रिवाज।

सब कुछ इतना आसान था कि हम
अपने अँधेरे में मगन थे
अपने दलिद्दर में चौंचक थे
चकमे में चमन थे।

मगर आज जैसे सब कुछ उलट गया है।
कभी न थकने वाले तीन भाई
खेत से फसलों की लोथ लेकर लौटे हैं
और खटिया पर लहास हो गये हैं।
पहली बार मैं पढ़ता हूँ उनके चेहरों पर
की झुर्रियों में खेत में हलाल होने का हाल

'कविता हत्या नहीं करती'
अपनी अँगुलियों पर
पिता के नाखून देखता हुआ मझला भाई
कहता है और उठ कर नदी की ओर
चला जाता है।

मैं कारण नहीं पूछता
उसका इस तरह बोलना
खामोशी को और गहराता है।

सन्नाटा—
नीम की पत्तियों में अँगुलियाँ
फिराता है और बैल डकार कर
पिछले खुर से आँखें सहलाता है।

कोडवर्ड

मैं तीन बार संसद कहूँगा
और चार बार संविधान :
हिन्दुस्तानी लुकमे की आदती जुबान
दाँतों की दलबन्दी तोड़ कर बाहर
आ जाएगी।

फिर हम तितलियों के नगर की ओर चलेंगे
देशवासियों की पसली से अपनी यात्रा
बजाते हुए। ज्यादातर
हम अपनी यात्रा
रात में पूरी करेंगे
धूप और शोहरत से
बचने के लिए।

युवा चेहरा
भूमिगत हो चुका है

मामूली तौर पर क्रूरता भी आज
जिन्दा रहने के लिए
एक जरूरत बन गई है।

सूखे की छायाएँ और एक शिशिर सन्ध्या

आह ! वह इस कदर विश्वास खो बैठा है
कि उसे कहीं भी बिठाया जा सकता है
सब कुछ धीरे-धीरे अनुपस्थित हो रहा है
सिवा उन आँखों के जिनमें कंकालों की अभिशापित
छायाएँ घूम रहीं हैं।

हथेलियों पर गिरते हुए चेहरों का शोर है
दूर बहुत दूर
रात अपने आने का रास्ता बना रही है
क्षितिजों के पार काले धमाकों की गर्द छा रही है
दूर तक फैली हुई धुन्ध—
जिसका न ओर है, न छोर है
अकाल में हर आदमी को भूखा रहने का
पूरा अधिकार है।

हर रोज—
सूर्यास्त के साथ अनाज लदे किसी जहाज की गन्ध
हवा में तैरती है और सैकड़ों मुख
समुद्र की ओर घूम जाते हैं।

मरा हुआ आदमी सिर्फ़ भुखमरी का पैमाना हो गया है
उन्हें रसोईघर की सहानुभूति के अलावा तुम क्या देते हो
"पता है"—
"भूख से अब तक पैंतीस आदमी मर चुके हैं।"
अपना निवाला गले से नीचे उतारते हुए
पत्नी की मुस्कराहट को हलका-सा धक्का देते हो

हमदर्दी तुम्हारी घृणा की खुराक है
श्मशान वैराग के तर्ज पर
मैंने भी ईजाद की है एक
रसोईघर की ईमान
जो हर मर्ज पर
काम करती है

संसद-समीक्षा

रामुलु और राघवन
साथी हैं। साथ-साथ
घूमते हैं। शहरों, सीवानों में
और बातें करते हैं
देशी दुखों की। कानून की
और मौसम की

रामुलु और राघवन अक्सर देखते हैं—
सन्ध्या की हिप्पी पसलियों पर
एकतारा बजता है। रात
गिरती है काम से लौटते हुए
चेहरों के बीच

एक युवती और एक बच्ची
फूले हुए पेट वाली औरत के आगे-पीछे
चलते हैं। लोहे के रंग में
ढले हुए आकाश के साथ
लेटी हुई पृथ्वी के पास
पेड़ अचरज से खड़े हैं।

रामुलु और राघवन जानते हैं।—

दाँतों की दुनिया में
एक भोला अजनबी मुख आएगा
और परिवार की
गिनी चुनी रोटी में सहसा पैठ जाएगा

लेकिन बच्ची उत्साहित है
वह नहीं जानती कि बच्चा
दुनिया में कैसे आता है।

युवती अभी प्यार के चोंचलों की
वर्नाक्यूलर सीख रही है
उसका एक पैर लाज और दूसरा ललक पर है

लेकिन फूले हुए पेट वाली औरत का चेहरा
उसकी हथेली की तरह सपाट है
वह जानती है कि बच्चे के साथ
दुनिया में क्या आता है।

कल भूखे गर्भाशय की ओट से
एक युद्ध अपराधी की
घोषणा होगी।
ओ माँ ! ओ बहन !!

ठिल्लों में पानी भर लो।
रोटियाँ कठौती में तहा दो।
और उन्हें पत्थर के चौकों से
ढँक दो।

कुर्सियों में संवादी चेहरे
उग आए हैं।

बच्चों के सिरों पर
आँचल रख दो
ओ माँ ! ओ बहन !!

रामुलु और राघवन
भीड़ भरे रस्ते से थोड़ा अलग
हटकर
सूर्य-ग्रहण पर
बातें करते हुए चलते हैं।

संयुक्त मोर्चा

मैं ज हूँ ज
और तुम न हो
हम दोनों मिलकर जन बनाते हैं

मेरा जानना
और तुम्हारा नकारना
हमें इस काबिल बनाते हैं
कि हम
चेहरे को चेहरा
और चाकू को चाकू कह सकें

कल तक वे चेहरे को चाकू
और चाकू को चेहरा कहते थे
और हम इसे बुत की तरह सहते थे।

लेकिन यह देखो हम किस तरह
एक-दूसरे के सामने
दुश्मन की तरह खड़े हैं
एक अदद बटन और चुटकी भर
आटे की सुविधा ने

हमें बागी बना दिया है
जब कि हमारी पीठ बुरी तरह
महसूसती है कि हमारी रीढ़ पर
दाँत भेड़ियों के गड़े हैं

मैं ज हूँ ज
और तुम न हो
हम दोनों मिलकर जन बनाते हैं
तुम मुझे कहीं भी देख सकते हो

सुबह-सुबह जब आसमान
मुँह धोये पेड़ों में
नारंगी की फाँकें बाँटता है
तुम मुझे बेकारी की पसली में
चहलकदमी करते हुए
देख सकते हो

मेरा चलना—
बरफ की सिल्ली में बनी
सैकड़ों उदास आँखों का चलना है

या फिर
तुम मुझे देख सकते हो
शाम के धुँधलके में
दीवारों पर एक नया नारा लिखती हुई
हलफल हाँफती ललछौंही कूची में

मैं भाषा के जबड़े में कैंसर की गाँठ हूँ
मेरा जानना ही
मेरा जलना है

और तुम कहाँ रहते हो
संसद के पीछे
दँतचियार रिश्वती हथेली पर
या काम रोको प्रस्ताव की सूची में

बहरहाल तुम कहीं भी रहते हो
यह पहला मौका है कि हम दोनों
साथ हैं। थकान पर चुसकी मारते हुए
बिल्कुल ताजा और गरम
चाय के प्यालों की तरह
और लगभग उस माहौल में
जबकि हमें निर्णय करना है
तो आओ एक निर्णय लें

हम दोनों मिलकर
अपने जानने और अपने नकारने का
एक संयुक्त मोर्चा बनाएँ

आज की भूख से भूख के अगले पड़ाव तक
लिख दें—
यह रास्ता जनतन्त्र को जाता है

और इस तरह
धुन्ना कविताओं
चुन्ना राजनीति
और मुन्ना विद्रोह को
ठेंगा दिखाएँ

मैं ज हूँ ज
और तुम न हो
हम दोनों मिलकर जन बनाते हैं।

कर्फ्यू में एक घन्टे की छूट

मैं चिड़ियाघर से वापस आ रहा था
और तुम लौट रहे थे खेल के मैदान से
जब मैंने अपने छोटे भाई के गायब होने की खबर
तुम्हें दी।

हम कि जो प्यारे दोस्त थे।
घबराने की कोई बात नहीं।
गोलीकान्ड के बाद
लड़कों का गायब होना नई बात नहीं है
यह शान्ति का मसला है
लेकिन खबरों के मलबे के नीचे
सच्चाई का पता कब चला है ?
घबराने की कोई बात नहीं और
यह खतरनाक भी उतना नहीं
जितना किसी लड़की का पीछा करना।
देह के जलाशय में
तैरना न जानते हुए भी
कूल्हों के कशर कूद, भरना।

आखिरकार लड़का अन्तिम बार

कहाँ देखा गया।
संसद की ओर जाने वाली सड़क पर
हरी कमीज़ पहने हुए,
और यह अच्छी बात है कि
उसने लाल स्कार्फ को
झण्डे की तरह तान लिया था
जिसे सुबह उसने पीछा करके
पड़ोस की लड़की से छीना था

यौवन ऐसा सिक्का है
जिसके एक ओर प्यार
और दूसरी ओर गुस्सा छपा है।
कम-से-कम यह एक सबूत है
उसके जिन्दा रहने का
कि वह 'लोकसभा-भवन' की ओर जा रहा था।
महज लाल स्कार्फ के साथ
जिसे उसने झण्डे की तरह उठा रखा था।

और अभी उसके
अपने 'मतदान' के खिलाफ
होने का सवाल ही उठता नहीं था
क्योंकि वह एक साथ चुन लेना चाहता है—
तितलियाँ, स्कार्फ, होंठ और फूलों
के जादुई रंग।

पेट और प्रजातन्त्र के बीच का सम्बन्ध
उसके पाठ्यक्रम में नहीं है।

वह एक दुधमुँही दिलचस्पी है
कुलबुल जिज्ञासा है

जिसे मारने के लिए इस पृथ्वी पर
अभी कोई गोली नहीं बनी।
(घनी-घनी उसकी बरौनियों के बीच की
हवापट्टी पर दिवास्वप्नों की गूँजें
उतरती हैं।)

और कर्फ्यू में शान्त ठण्डी सड़क पर
सैनिक दस्तों के जूतों से
कितनी सफेद और मार्मिक ध्वनि
निकल रही है...
जनतन्त्र...जनतन्त्र...जनतन्त्र...जनतन्त्र...।

घर में वापसी

मेरे घर में पाँच जोड़ी आँखें हैं
माँ की आँखें पड़ाव से पहले ही
तीर्थ-यात्रा की बस के
दो पंचर पहिए हैं।

पिता की आँखें–
लोहसाँय की ठण्डी सलाखें हैं
बेटी की आँखें मन्दिर में दीवट पर
जलते घी के
दो दीए हैं।

पत्नी की आँखें आँखें नहीं
हाथ हैं, जो मुझे थामे हुए हैं

वैसे हम स्वजन हैं, करीब हैं
बीच की दीवार के दोनों ओर
क्योंकि हम पेशेवर गरीब हैं

रिश्ते हैं; लेकिन खुलते नहीं हैं
और हम अपने ख़ून में इतना भी लोहा
नहीं पाते,
कि हम उससे एक ताली बनवाते

और भाषा के भुन्ना-से ताले को खोलते,

रिश्तों को सोचते हुए
आपस में प्यार से बोलते,
कहते कि ये पिता हैं,
यह प्यारी माँ है, यह मेरी बेटी है
पत्नी को थोड़ा अलग
करते—तू मेरी
हमबिस्तर नहीं—मेरी
हमसफर है,
हम थोड़ा जोखिम उठाते
दीवार पर हाथ रखते और कहते
यह मेरा घर है।

गृह-युद्ध

पहले की तरह अब भी
अच्छी लगती हैं तुम्हारी बाँहें
लेकिन मैं चाहता हूँ कि तुम
उन्हें कुहनियों तक
ढकी रखो। पहले की तरह
अब भी तुम मुझे विदा करती हो,
लेकिन मेरी छाती पर खुली हुई बटन
बन्द कर देती हो।

काम से वापसी के बाद मैं
दरवाजा सूँघता हूँ और
तुम मेरी रूमाल—
हमें अपने पड़ोसियों से भय है।
शाम के वक्त हम अब भी घूमते हैं।
लेकिन अब हमारे हाथों में न कोई पत्ती होती है
न होंठों पर प्यार।

रात भोजन करते हुए
मैं अब भी थाली में छोड़ देता हूँ
एकाध लुकमा

और 'थोड़ा-सा और खा लो' के आग्रह के
बदले धीरे से अनाज की महँगाई
की बात करती हो।

कहीं कुछ बदला नहीं है
लेकिन अब याद आता है
हम एक-दूसरे को कितना प्यार करते थे।
मैं उस दिन की बात सोचता हूँ
हम दोनों बाजार गए
और मुख-द्वार के लिए नया ताला खरीदा
एक ताली तुमने रख ली और एक ताली मैंने
यह अजनबी होने की शुरुआत थी
और अब तो हम रक्तपात के
उस मुकाम पर
पहुँच चुके हैं कि हमारे
खतों के पते भी
एक दूसरे से अपना मुँह
चुराने लगे हैं।

रोटियों का शहर

छितो छितो डांग छितो
छितो छितो डांग डांग
डफले पर बजती है भूख पैर में घण्टियाँ
दुपहर की आँच में सिकती हैं
रोटियाँ
मजा करो—
तुम अपनी संसद के साथ
हम अपनी साँसत के साथ
छितो छितो डांग डांग
छितो छितो...

मैमन सिंह

आप चौके में प्याज काटती हुई
बेगम के रजिया आँसू देखेंगे
और चापलूसी में साबुत लौकी पर
चक्कू फटकारते हुए कहेंगे
ऐसे काटते हैं बहादुर
नौजवान दुश्मन का सिर
ऐसे काटते हैं

भौचक्का पत्नी के सामने
युद्ध के पूर्वाभ्यास के लिए
रसोई घर से उत्तम दूसरी जगह नहीं है

फिर आप इत्मीनान से नाश्ता करेंगे
और सड़क पर जाएँगे

जै हिन्द न्यूयार्क
जै हिन्द मस्क्वा
बांगला देश जै हिन्द
"आमी तोमार भालो बासी" जै हिन्द

लेकिन उस वक्त आप क्या करेंगे

जब वापस लौटते हुए गली के
मोड़ पर मैमन सिंह मिलेंगे
खाली हाथ, खाली पेट

क्या आप अपने घर लाएँगे
माना कि जहमत उठाएँगे
लेकिन मैमन सिंह सोएँगे कहाँ

माना कि आपने उसे जब से चौका दिया है
बिना बच्चे के पाँच वर्ष बीत जाने के बावजूद
उस औरत ने न कभी शिकायत की है और
न अपने चरित्र पर शक करने का मौका दिया

मैमन सिंह घर में खाएँगे
धर्मशाला में सोएँगे
सात दिन मैमन सिंह उदास रहेंगे
आप उन्हें सांत्वना देंगे
सहानुभूति के नाम पर
बचे हुए को बाँटने का सुख सहेंगे

लेकिन,आठवें दिन एक चमत्कार होगा
मैमन सिंह मुस्कुराएँगे, वे बिना पूछे
आपकी जेब से पैसे निकालेंगे
और सनीमा चले जाएँगे

नवें दिन आपकी कमीज गायब होगी
दसवें दिन आप देखेंगे कि आपकी
सोने की बटन मैमन सिंह के काज की
शोभा बढ़ा रही है
मैमन सिंह की अँगुली में पड़ी आपकी

अँगूठी आपका मुँह चिढ़ा रही है

और अब क्या ख्याल है
आज आपको शीशा नहीं मिल रहा है
कल आपकी कंघी में
खाँची भर रूसी है झौवा भर बाल हैं

मैमन सिंह मैमन सिंह
तुम्हें क्या हो गया है
तुम मुझे चिथड़ों की ओर क्यों घसीट रहे हो
तुम मेरे चमड़े का हल्का क्यों पीट रहे हो

मैमन सिंह तुम मेरी कंघी को मेरे बालों के
खिलाफ उकसा रहे हो
तुम मेरे बटनों से खेल रहे हो
मैमन सिंह तुम मुझे खा रहे हो
मैमन सिंह मैमन सिंह साले शरणार्थी
तुम आदमी नहीं—अजदहे हो

इस तरह जब अपनी घरऊ औकात के साथ
आप जमीन की लड़ाई लड़ेंगे
तब केवल जै हिन्द नहीं—अपने दिवालियापन से
निपटने के लिए
आपको दूसरे उत्तर भी ढूँढ़ने पड़ेंगे
और उस वक्त आप क्या करेंगे।

फिलहाल, जब मुहावरा गर्म है
एक देश को स्वीकृति देना
एक आदमी को स्वीकृति देने से
कठिन नहीं है।

लोकतंत्र

वे घर की दीवारों पर नारे
लिख रहे थे
मैंने अपनी दीवारें जेब में रख लीं

उन्होंने मेरी पीठ पर नारा लिख दिया
मैंने अपनी पीठ कुर्सी को दे दी
और अब पेट की बारी थी
मैं खुश था कि मुझे मन्दाग्नि की बीमारी थी
और यह पेट है

मैंने उसे सहलाया
मेरा पेट
समाजवाद की भेंट है
और अपने विरोधियों से कहला भेजा
वे आएँ–और साहस है तो लिखें,
मैं तैयार हूँ

न मैं पेट हूँ
न दीवार हूँ
न पीठ हूँ
अब मैं विचार हूँ।

मैंने घुटने से कहा

मैंने उसकी वरजिश करते हुए कहा–प्यारे घुटने
तुम्हें सत्तर वर्ष चलना था
और तुम अभी से चोट खा गए
जब कि अभी '70 है। तुम्हें
भाषा के दलिद्दर से उबरना तुम्हें और
सारी कौम का सपना
बनना था

कविता में कितना जहर है और कितना देश
अपनी गरीबी की मार का मुँह मोड़ने के लिए
एक शब्द कितना कारगर होता है।
तुम्हें यह सवाल तय करना था।

अपनी भूख और बेकारी और नींद को
साहस की चौकी पर रख दो
और देखो कि दीवार पर उसका
क्या असर होता है।

गुस्से का रंग नीला या जोगिया
गुस्से का रंग बैंगनी या लाल
गुस्से का एक रंग ठीक उस तरह जैसे खुसरो गुस्सा
या गुस्सा कंगाल

अगली कविता के लिए

भाषा के चमत्कार से बाहर
आकर देखो—
(सातवें और आठवें) दशकों की छूटती हुई सरहद की
बाड़ पर
टोबा टेकसिंह की तरह मरती है कविता !
जाँघ से
कपड़ा हटाने की जरूरत नहीं है और
न चेहरे को आग के सामने लाने की।
भाषा के चमत्कार से बाहर

लिंगों की तबदीली के लिए
हिन्दू विद्यालय के व्याकरण विभाग से इजाजत
लेने की जरूरत नहीं है।

कविता करना मंटो का मरना है।

इस वक्त जबकि ज्यादातर लोग चुप हैं या
चीख रहे हैं
असली रफ्तार के लिए एक शब्द

काफी है-शाबाश

लेकिन
याद रखो यहीं से फिसलन भी
शुरू होती है।

पर्वतारोहण : नवंबर 1971

नींद और न्याय के बीच का पड़ाव
तय करते हुए
अपनी आयु के पैंतीसवें पर्वतारोहण के दौरान
मैंने अपने आपको देखा
और हिन्दुस्तान ने मुझे देखा एक ही अक्षांश पर

हम अपने भूगोल का हिसाब भुला कर
हम अपनी नबज में
अपने हारे हुए हिस्से की खोज करते हैं।

समझ के तीन वर्ष
निगल गया है
भाषा का खुफिया विभाग

लेकिन मेरे भीतर की आग
उसी तरह जलती है

कविता :

एक नया नशा है हिप्पियों की जमात
जिससे परिचित नहीं—मेरी कविता
अपनी डँड़इयों के बीच
शब्दों की राख उगलती है।

बीसवीं शताब्दी का सातवाँ दशक

बीसवीं शताब्दी के सातवें दशक के
आखिरी दिनों,
स्त्रियाँ स्त्रियाँ थीं

घर के चहबच्चों में
सधवा—
डूबती हुई
शोहदों की मुमकिन-सी भाषा में कविता की
संसद थी, हरी-हरी ताजा दम
और गरम,
जिसमें तोंदू की तर थी
और मोंदू की मद थी

बीसवीं शताब्दी के सातवें दशक के
आखिरी दिनों में
जब 'क' का मतलब 'क' नहीं रह गया था
अपने सामने की चाय को
अपराध होने से बचाते हुए एक आदमी
अपने मुवक्किल के लिए लाजिमी भाषा बोलता है—
"मत भूलो कि तुम्हारा हर आँसू

अपराधियों के लिए चोट का
दूसरा दरवाजा खोलता है।"

पैंट की बटन खोलते हुए आदमी से कहा
तमीज़ के लिए अब दूसरा खेल
शुरू करो।

मैं सहज होना चाहता हूँ

जब दुनिया अपना खालीपन
बमों से पाट रही है
मेरे खाली पेट का ढकोसला
मत गाओ
चर्बीली आँखों में
मैं चाहता हूँ बहुत साधारण
जीवन और सही
मौत। मैं आसान होना
नहीं चाहता।
मैं चाहता हूँ मैं वह सब कुछ
अनुभव करूँ जो कुछ देखता हूँ।
मैं साहस नहीं चाहता
मैं सहज होना चाहता हूँ
ताकि आम को आम
और चाकू को चाकू कह सकूँ !

x x x

मैं यहाँ, इस अँधेरे में खड़ा हूँ।
यहीं,
मेरे देश ने

मुझे रोशनी देने को कहा है।

x x

वक्त की चौकी पर बैठे हुए अधेड़
मुंशी की तरह
मैं अपने बहते हुए खून में
तुम्हारे दाँतों की रपट पढ़ता हूँ।

मेरा गाँव

तारों भरा आसमान
और
मरियल खौरहा कुत्ता
सीवान में पड़ी फसलों की लोथ का
सन्नाटा सूँघता है।
जहाँ तीन-चार पेड़ आदमी होने का
करिश्मा दिखा रहे हैं

अँधेरे में ऊँघते हैं घर
जैसे घुपटी मारे हुए मुसहर
ऊँघता है।

एक बार
वह फि़र मंच पा गया है
जहाँ पर्दे तो हैं मगर
पखवई नहीं है

मैं उसकी पीठ ठोंकता हूँ
शाब्बास ! हिम्मत से डटे रहो
भूख कभी गाली नहीं होती

और पेट का नंगापन नंगई नहीं है

सारा माहौल जब एक नए चुनाव की
तैयारी में मशगूल है :
वहाँ जीवन
अब भी
संसद की कार्रवाई से बाहर निकाले गए
वाक्य की तरह
तिरस्कृत है।

शिविर नम्बर तीन

जामा के गीत पर
पखावज की आखिरी थाप की तरह बजकर
सूरज डूबता है

आतंक ने आत्मीयता की पहल की है।
गनी सोचता है गुल की बात
बीवी की हमल की बात—जो लगभग
अगले महीने एक नन्हीं दिलचस्पी में तबदील होता

भाषा के जादुई आतंक के साथ
जहाँ व्याकरण भाषा की सारी सम्भावनाएँ खो चुकी है
और अर्थशास्त्र एक पौसरे में
बदल गया है।

वहाँ चीजों को नए सिरे से बदल डालने का विचार
पहले चाकू बनता है
फिर चीख में तबदील हो जाता है

गुल रोटी का लुकमे तोड़ता है
खोये हुए लोगों की याद में
आँसुओं के बीच
जबड़ा अपना काम करने लगता है।

चानमारी से गुजरते हुए

सूअर का छौना किकिया रहा है
एक आदमी उसकी टाँग से
उल्टा लटकाये लिये
जा रहा है

उन्होंने तरस खाने लायक
तबीयत पाई है

जमीन के बारे में सबसे सही जानकारी
एक किसान दे सकता है
बस, छेड़ने की देर है...
"इस बार तुम्हारे खेतों की फसल
कुछ खास..."

"उसका कारन है जी !"
एक खखार...
और वह कहता है
खेतों की जड़ कहाँ
सड़ रही है और मिल से आनेवाली
बदबू सिर्फ कागज़ के

सड़ने की नहीं है और
और वह साइरन की आवाज़
जब खेतों से
गुजरती है
फसल उसके नीचे
कुचली हुई सापीनों की तरह
फनकती है
असली गिज़ा
खाल के नीचे कहाँ रहती है।

चानमारी पर
छर्रे बीनते हुए चरवाहों
ऊबड़-खाबड़ रास्ते जो दूध के बाल्टों को
ढोल की तरह बजाते हैं

जैसे कोई नौसिखुआ लड़का
और हवा में
रामराम हो भाय रामराम
वाँ वाँ हाँ हाँ करती हुई पगडण्डियाँ उछलती हैं
यह कलेजा है और गुर्दा—यह बर है
ये टखने हैं पैरों की नल्लियाँ
और कनबोज़

और उसने
कटी हुई जंघाएँ, धुली हुई अँतड़ियाँ और
अण्डकोश
उसी व्यापारिक श्रद्धा से लटका दिए हैं
जिस श्रद्धा से माली
फूलों के गजरे लटकाता है

नौजवान

जब एक कर्मठ शब्द
दूसरे तत्पर शब्द को
कविता के मारक अभियान की
योजना समझा रहा था
मैंने उसे अनाज का अतिक्रमण
करते हुए देखा। अपनी दुविधाओं में
लहूलुहान एक गद्दीनशीन औरत
टाँगों में धमाका दबाए बैठी है
और सारा हिन्दुस्तान
जबड़े में भिंची हुई
कलेजी की तरह बमक रहा है
क्या तुम निहत्थे हो ?

उसकी मुसकान, चुपचाप, हुजूम में
एक साबुत चाकू फेंककर
गायब हो गयी थी
इसके बाद तुम पढ़ते हो—
(हत्याएँ—आगजनी—लूट !)
क्या सचमुच सही लिखते हैं अखबार ?
अपनी बेलौस आवाज़ में इस बार—
उसने पूरी आजादी और नये पाठ्यक्रम की
माँग की है।

जनतन्त्र : एक हत्या सन्दर्भ

सन्तोष कुमार कपूरिया के लिए

शायद यह इसलिए घटित हुआ कि तुम अपनी
ज्यामिति नहीं जानते थे–लोर्का

खून के थक्के में तलफता हुआ
जब वह युवा जिस्म
गिर पड़ा रास्ते के ठीक बीचोंबीच
उस वक्त जनतन्त्र किधर था ?
दम तोड़ती हुई साँसों के
सिरहाने या पैताने...
उस वक्त जनतन्त्र किधर था ?

बार-बार मुझसे पूछती है वह बालिग लड़की
कविता उसका नाम है
उसकी आँखों में शक है
आँसू है
आँसू में तैरता हुआ एक फितना सवाल
रह–रहकर
मेरा चेहरा टटोलता है
उस वक्त जनतन्त्र किधर था ?

और इस वक्त उत्तर की नहीं

ढाढस की जरूरत है
क्योंकि आँख से गिरा हुआ
एक गरीब आँसू अक्सर
अपराधी के लिए चोट का
दूसरा दरवाजा खोलता है

मैं उसके आँसू पोंछता हूँ :
लड़की ! इस तरह मत रो
कहीं ऐसा न हो
कि हवाओं में झूलते हुए
सैकड़ों खुशनुमा रंगीन शीशे
पथराए हुए चेहरों से टकराएँ
और टूट जाएँ

मलाल इस कदर सहने की सीमा के पार हो
कि आदमी
चाकू की वहशत के खिलाफ
दूसरा चाकू उठा ले
और जंगल के साथ
कहीं ऐसा न हो कि
घास की मासूमियत
जोश की रहजनी का शिकार हो

कहीं ऐसा न हो कि पत्तों की जुबान में
जहर भर जाए
और पेड़ों में फूल दुबारा न आए

लड़की इस तरह मत रो
कहीं ऐसा न हो कि वापस लौटकर
न आए वह जंगली चिड़िया

जो हत्यारे चाकू पर
अपना गीत पैनाती है
और गाती है अमन की उस सच्चाई को
जो जिन्दगियों के लिए
जीने का नुस्खा बन जाती है

कई बार
देह में कटा हुआ एक टटका घाव
एक रोशनदान बन जाता है
जिससे होकर जिन्दगी की ताजी किरण
दुनिया में आती है

कई बार मौत का राग
जिन्दगी के राग से
ज्यादा गहराई से बजता है
तू क्यों भूल जाती है कि कई बार
भाषा का घर
ज़िन्दा कहकहों से कहीं ज्यादा अच्छी तरह
मौत के सन्नाटे से सजता है
और मैं उसके सामने
अपनी जेब से तीन जोड़ा मछलियाँ
निकाल कर रख देता हूँ
कल तक ये आँखें थीं
पिण्डलियाँ थीं

कल तक ये दुनिया को दुनिया से
जोड़ती थीं।
कल तक वह युवामन
हरेक की आँख का तारा होना
एक खुली हुई सडक

एक झण्डा होना चाहता था।
एक ताबीज़, एक क्रास, एक मन्त्र होना चाहता था

वह एक साथ जनता और जनतन्त्र
होना चाहता था
जहाँ खुली हुई सच्चाइयाँ
एक दूसरे के गले मिलती हैं
वह प्रेमियों में नामजद होना चाहता था
कर्ता जहाँ अपनी क्रिया से कोई परहेज नहीं करता
वह ऐसी दर्शकदीर्घा और संसद होना चाहता था

लेकिन अब वह नहीं है सिर्फ़
तीन जोड़ी आँखें हैं
और जैसा मैंने कहा
यह वक्त की समझ है
जो निगाह बन गई है
एक हसरत भरी जिन्दगी जो़ रास्ते में
गिर पड़ी थी
हसरत भरे दिलों के लिए
राह बन गई है

मैं उसके सामने तीन जोड़ा
मछलियाँ रख देता हूँ।

वह उन्हें उठाती है और
आँखों में, बाँहों में और पिण्डलियों में भर लेती है।
क्वारी जाँघों में
एक सपना उपरता है
होंठों के पिच से एक सिसकी
उछलती है और आहों की झील में

छलाँग लगा जाती है

ठहरा हुआ जीवन शुरू होता है
मैं कमरे से बाहर आता हूँ
सड़क पर वक्त है, सुबह है
अफवाहें हैं
झुर्रियाँ हैं, धुन्ध भरे चेहरों को
आँकती निगाहें हैं
थकी हुई छड़ी है
युवकों के उत्तेजित चेहरे हैं
असमंजस में हिलते हुए हाथ हैं
जिनसे अभी-अभी छटकर
गिर पड़ी है एक परखनली
जिसमें यौवन का तरल
जीवन द्रव भरा था।
क्या कहा ? क्या कहा ?
क्या यहाँ कोई कभी ऐसे भी मरा था ?

लड़के ! लड़के !! अब क्या करोगे ?
अब क्या करोगे ?
काँपता हुआ चश्मा
धीरे से आँसू पोंछता है
"मैं उसे अपनी आदतों में जिन्दा रखूँगा
अपने सबसे ऊपरी बटन का नाम
अपने दोस्त के नाम पर रखूँगा"

लड़की ! लड़की !! तुम क्या करोगी ?
तुम क्या करोगी ?
काँपती अँगुलियाँ

चोटी के फन्ने बनाती हैं
"मैं उसे अपनी यादों में जिन्दा रखूँगी
अपने रिबन का नाम
उसके नाम पर रखूँगी"

मैं शहर की ड्योढ़ी पार करता हूँ
गुलमुहर गहगहा उठे हैं
अमलतास की एक पीली पंखुड़ी
आदर से गिरती है
उसके यात्रान्त पर

एक ब्याहता अपना घूँघट सँभालती है
उसके माथे का रंग
नीला पड़ गया है
एक क्वारी माँग
उस चिड़िया-सी चहचहाती है
अभी-अभी जिसका घोंसला
उजड़ गया है
यही शायद अर्थी का अर्थ है
और मैं सोचता हूँ
मुझे साथ लाना चाहिए था
भरी हुई आँखों के साथ कमरे में
बैठी हुई
उदास आँखों वाली कविता को
और दिखलाना था कि
आततायी फितरत के खिलाफ
युवा-समझ ने
मौत का मतलब किस तरह बदल दिया है

मैं उदासी और अर्थ की सम्भावनाओं के बीच
घूमता हूँ एक सड़क से दूसरी सड़क तक
और ऐसे भरे पूरे बसन्त में
आईना-सी चमकती उस युवा मृत्यु पर
मुझे अचरज होता है
ईर्ष्या होती है।

मुक्ति का रास्ता

दिन खराब थे और शुरुआत हो चुकी थी
आँसू की जगह आँखों में बदले की आग थी।

ऐसे में आदमी का मुख निहारती कविता
बढ़ती चली गई भाषा के बेहड़ों की ओर
जैसे वह आदिवासी औरत झाड़ी की ओट से
जलते हुए झोपड़ों को देखती उतरती चली गई
वो जंगली ढलान—
जहाँ फौरी कार्रवाई के लिए हमलावर दस्ता
पेटियाँ कस रहा था।

क्या तुम्हें याद है वह दिन ? वह घटना—
कितने बजे थे जब रक्त सनी चीखों में
लिपटा हुआ वक्त सुन्न पड़ गया था
घहराते हुए चीत्कार के बीच ?
मारे गये थे परजन। कटे हुए खेत की
मेड़ पर लोथें गिरी थीं। खूनी खँखार की तरह
जोतदार का सिर खेत में पड़ा था। अनाज
ढोया जा चुका था सुरक्षित मुकाम पर।

इसके बाद आए थे अपराध के कानूनी दलाल
एड़ियाँ बजाते हुए। किरचों की मुहर ने
चेहरों को दागी किया था। लाशों की गिनती
फिर आगजनी, लूट। लेकिन क्या लगा था
आततायियों के हाथ ? नफरत की आँच ने
चन्द खाली झोपड़ों को राख किया था।
और वह स्त्री आदिवासी ? इसके बाद
तुम जानते ही हो शब्द शस्त्र बन गए हैं
और अगवा बन्दूक की निशानदेही पर
कविता ने ढूँढ़ लिया है अपनी मुक्ति का रास्ता
दुश्मन की छाती के खून भरे छेद से।

गुफ्तगू

कहीं कोई भाषा नहीं है
भूख के केन्द्र में

एक थरथराता हुआ आँसू है
जिस पर आग पहरा देती है।

(किस कदर अमूर्त्त है स्वगत)

बीवी ! क्या बच्चे सो गए ?
तुमने खाना खा लिया ?

बीवी पास आओ और सुनो—
जिन्दगी के सपनों पर
सच्चाई के टट्टर गिरा दो

और सोचो—हमारे बीच बैठे
हुए अन्धकार से

हम कितनी दूर मार सकते हैं।
और देखो—

रोशनी जहाँ सबसे तेज है;
दुश्मन वहीं रहते हैं।

मतदाता

पेट अपनी जगह रहेगा
सिर्फ पैर चलेंगे—
रोटी की ओर तीन कदम
दो कदम बिस्तर की ओर
हाँ, रास्ते में
एक जगह ऐसी भी आएगी
जब वह हड़ियल चेहरा ठिठक कर सोचेगा
पहले कौन—
दायाँ या बायाँ !
फिर एक निर्णय लेगा

जंगल में जाने के लिए
किसी सिगनल की जरूरत नहीं है
कम से कम वह इतना आजाद तो है ही
कि अपनी सोच के खिलाफ
पीठ पर बँधे हुए अपने हाथों को
अपने चेहरे के ठीक सामने खोले
और कहे 'ये मेरे हाथ हैं'
यहीं से नई जनगणना सार्थक होती है
और एक बालिग मुहावरा

ढर्रे की सार्वजनिकता के रूबरू होता है

"कहने का मतलब यह है कि भाइयो !
जनतन्त्र जनता से नहीं
घर की जंग से शुरू होता है"
और फिर पहली बार यह जानकर
वह खुश होगा कि मतपेटी में
मत-पत्र के साथ वह अपनी समझ नहीं डाल आया
हैं आज भी—
अगली लड़ाई के लिए उसके दाँत और नाखून
एक रोटी पर सुरक्षित हैं

चुनाव

यह आखिरी भ्रम है
दस्ते पर हाथ फेरते हुए मैंने कहा

तब तक इसी तरह
बातों में चलते रहो
इसके बाद—
वादों की दुनिया में
धोखा खाने के लिए
कुछ भी नहीं होगा
और कल जब भाषा—
भूख का हाथ छुड़ा कर
चमत्कारों की ओर वापस चली जाएगी
मैं तुम्हें बातों से उठाकर
आँतों में फेंक दूँगा
वहाँ तुम—
किसी सही शब्द की बगल में
कविता का समकालीन बनकर
खड़े रहना
दस्ते पर हाथ फेरते हुए
मैंने चाकू से कहा

सिलसिला

(तुम्हारे पास खोने के लिए, जंजीरों के सिवा कुछ भी नहीं है।)

हवा गरम है
और धमाका एक हलकी-सी रगड़ का
इन्तजार कर रहा है

कठुआए हुए चेहरों की रौनक
वापस लाने के लिए
उठो और हरियाली पर हमला करो
जड़ों से कहो कि अँधेरे में
बेहिसाब दौड़ने के बजाय
पेड़ों की तरफदारी के लिए
जमीन से बाहर निकल पड़ें
बिना इस डर के कि जंगल
सूख जाएगा।

यह सही है कि नारों को
नयी शाख नहीं मिलेगी
और न आरा मशीन को
नींद की फुरसत
लेकिन यह तुम्हारे हक में है

इससे इतना तो होगा ही
कि रुखानी की मामूली-सी गवाही पर
तुम दरवाजे को अपना दरवाजा
और मेज को
अपनी मेज कह सकोगे।

'स' और 'त' का खेल

सुनो प्यारो ! प्यारियो !!
स-त का जमाना है
स और त का खेल दिखाना है
ए-बजे ताली

(जो न बजाए उसके नाड़े को गाली)

स से संसद
त से तलवार
क्यों जमूरे, हाँ यार !
बच्चों के सामने दोनों ही रखो
और देखो वे किसे चुनते हैं।
और बात कहो दोनों
यानी यह कि :

सत्ता का जन्म बन्दूक की नली से
होता है,
सत्ता का जन्म सन्दूक की तली से
होता है
और देखो वे किसे सुनते हैं।

एक-एक कर सारे दर्शक
सहानुभूति और सिक्के फेंक कर चले गए
चेचा बाकर बैठी हुई लड़की के
सिरहाने चुप न हुई
चिंचियाती रही खब्बीस बुढ़िया।
पता नहीं वह क्या चाहती थी ?

और तभी एक मस्त कलन्दर उसके पास आया
और डाँटकर कहा—
"क्यों रोती है ?
बदनसीब औरत ! क्या तू नहीं जानती
कि भाषा बलात्कार से बालिग होती है ?"

बुढ़िया के आँसू सूख गए।
वह मुसकुराई और
लड़की का हाथ पकड़कर
भीड़ में गुम हो गई।

निहत्थे आदमी से कहा

सुबह जब बड़ी बन्दूक
छोटी बन्दूक का नाश्ता कर रही थी
मैंने निहत्थे आदमी को
गाँव की तरफ जाते हुए देखा—
पगडण्डी पर खाली हाथ जाते हुए भाई !
क्या तुमने
अपनी वर्दी से बाहर निकल कर
रोटी माँगी थी ?
या किसी नागरिक प्रत्याशा में
छोटे भाई के सिर पर प्रहार करने से
मना किया था ?

इस खुली हवा और चमकती हुई धूप में
जहाँ वाजिब वेतन की माँग
नये पाठ्यक्रम में
बदल जाती है।
और गोली की भाषा के उभार
अँगुलियों से छः बार पढ़े
जाते हैं।

भूख की कक्षा में
सहशिक्षा के पहले पाठ की
शुरुआत है

जैसे बेरंग के बादशाह को
रंग की दुड़ी काट देती है।

x x

बाहर आजादी से
और भीतर अनाज से लड़ता है।

आगाह करो उन्हें कि यह झुकने की लज्जा नहीं
सिर्फ चौखट की ऊँचाई भूल जाने की
चोट है।

हरित क्रान्ति

इतनी हरियाली के बावजूद
अर्जुन को नहीं मालूम उसके गालों की हड्डी क्यों
उभर आई है। उसके बाल
सफेद क्यों हो गए हैं।
लोहे की छोटी-सी दुकान में बैठा हुआ आदमी
सोना और इतने बड़े खेत में खड़ा आदमी
मिट्टी क्यों हो गया है।

हरित क्रान्ति (एक)

पास आने पर मालूम हुआ—
धोखे की जगह भाई खड़ा है
उसकी आँखों में हरियाली की जगह
आग है जिस पर बालियाँ
सीझ रही हैं

चैत पक रहा है
उम्मीद के दिन
कुआर से खट रहे हैं
यह जाड़े की शुरुआत है

और अब
खून कब पसीना बनता है
और कब आँसू—
अनाज की बालियों से छिपा नहीं है
पास आने पर मालूम हुआ

मौसम के चहचह में सुरक्षित
एक तार पर बैठी हुई चिड़िया
नहीं जानती कि बिजली

क्या करती है ?

इसे केवल ट्रांसफार्मर
का दिल जानता है
जो हर वक्त झनझना रहा है।

हरित क्रान्ति (दो)

मैंने अपने गाँव से शुरू किया
एक तार पर बैठने की सुविधा में
छोटी चिड़िया कितनी खुश है।
चीनी मिट्टी का
"सैकिल इंसुलेटर"

मैंने जोर से कहा—हरित
और धीरे से कहा—क्रान्ति
नन्ही चिड़िया नहीं जानती
एक समकालीन शब्द धीरे से कहने पर
पेट में कितने चाकू उतरते हैं

एक तार पर बैठी हुई
चिड़िया कुछ नहीं जानती
लेकिन ट्रांसफार्मर जानता है कि
तारों के बीच
वोल्टेज कितना बढ़ गया है।
छोटी चिड़िया खुला हुआ आसमान
जानती है और
गेहूँ की बालों में

सोए हुए रोयेंदार दानों का
दूध भरा सपना
कीड़े न लगें—
अपनी लालच के पीछ पर
गमक्सीन की गन्ध छिड़काव
करती है छोटी चिड़िया ।
बैल के कन्धों पर
खून का मरना नहीं जानती
आँखों में खेत में हलाल होने का हाल !

हत्यारे (एक)

वे स्वस्थ और सुन्दर हैं
ठीक अपने दाँत की तरह
शत-प्रतिशत देशी और निजी

वे गोली और गोली के इस्तेमाल
में माहिर हैं।
घिसे हुए जूतों के तल्लों-सी
उनकी आत्मा परिचित है
अन्धकार के उन सारे रस्तों से—
जहाँ नर-संहार के आदिम उत्सव होते हैं
यह वाम मार्ग है और यह
दक्षिण।

उनके चेहरों पर चीलें उतरती हैं
पंजों में दाबे हुए पीली मुस्कानों के कतरे।
उनकी अँगुलियों में
गुमशुदा सितारों की चीखें हैं।

उनकी आँखों में नमी है। परखनलियों में
रखे हुए द्रव की सार्वजनिकता। तेल और लोहे की
संवेदना।

प्रयोगशालाएँ उनके वर्गीकरण से घबराती हैं।

वे हँसते हैं और हत्याओं की परिभाषाएँ
बदल जाती हैं। राजनीतिक हत्याएँ, भुखमरी और
साम्प्रदायिक मौतें।

यह युद्ध है और यह शान्ति।
पहले दिन वे बमों की खिलाफत
करते हैं। शान्ति के लिए
दूसरे दिन वे जनता की राय
लेते हैं।
तीसरे दिन वे बमों की
हिमायत करते हैं शान्ति के लिए।

वे तुम्हारी बातों में शामिल हैं
हर वक्त वे तुम्हारा पीछा कर रहे हैं।
चायघर में तुम उनके बारे में
बतिया रहे हो।

वे आदत तुम्हारी बन गए हैं।
सट्टी में या डाकखाने में खत लिखते हुए
बीवी को चूमते हुए
बच्चों को स्कूल छोड़ते हुए
हर वक्त
वे तुम्हारे साथ हैं।
वे तुम्हारे सामने एक आईना रखते हैं और
तुम गुर्राने लगते हो
अपने खिलाफ। एक बेगानी आवाज बनकर
और अब तो चुनाव हो रहा है
वे तुम्हारी कटी हुई जेबों के नाम पर
अपना पर्चा दाखिल करनेवाले हैं
अगले मतदान में।

हत्यारे (दो)

हत्यारे एकदम सामने नहीं आते
वह पुराना तरीका है एक आदमी को मारने का
अब एक समूह का शिकार करना है
हत्यारे एकदम सामने नहीं आते।
उनके पास हैं कई-कई चेहरे

कितने ही अनुचर और बोलियाँ
एक से एक आधुनिक सभ्य और निरापद तरीके।
ज्यादातर वे हथियार की जगह तुम्हें
विचार से मारते हैं
वे तुम्हारे भीतर एक दुभाषिया पैदा कर
देते हैं। फूल और रोटी के बीच
अनकिए अपराधों के लिए
तुम खुद को जिम्मेदार मानते हो
क्या सचमुच प्रतिनिधि हैं तुम्हारी जन-सभाएँ ?
धुँधुआती आँखें पढ़ना चाहती हैं आजादी का घोषणा-पत्र
किसने चुराई है रोशनी ?
अन्न और वस्त्र कहाँ है तुम्हारे लिए ?
कहाँ है मेहनत पर जीने का कौल ?

किसने काटे हैं हाथ ?
तुम लगातार सोचते हो—अकेलापन
ऊब का कवच है।
माना कि तुम समझ लेते हो इस तरह धीरे-धीरे
तनहाई में डाल दिए जाने की चाल
और अकेला होने से बचते हो।

हजारों हाथ एक साथ उठते हैं—मुट्ठी की तरह
संगठित होते हैं।
तब आते हैं गुलामी के प्रवक्ता
वे जंजीरों को फूलों में छिपाकर लाते हैं
"यह है देश ! तुम्हारी गर्दन कहाँ है" ?

लेकिन हर संगठित आँख
पंखुरी की चीख सुन लेती है
पराग की गन्ध को मारकर
बँधे हुए लोहे से फूटती है बासी दुर्गन्ध

लक्का कबूतर के खड़े हुए पंख-सी
जिससे आँखों में आँसू भर आते हैं
और तुम बच निकलते हो जालसाज़
शब्दों की काली करतूत से।
तुम सोचते हो—देश
आदमी-हितों की कुञ्जी है
फिर शुरू होती है रोटी की मार
यह सबसे कठिन है। रिश्तों में फोड़कर दरार
बेगानापन उगता है। परिचय
डूबने लगता है भय के सैलाब में
सहसा एक डमरू चेहरा तुम्हारी आत्मीयता में

बजता है। दुद्धा जुबान
आश्वासनों के मुनक्का शब्द खोलती है
वादों की घाटी में
तुम देखते हो रोटियों का क्षितिज
मगर कहाँ है भविष्य ?
तुम्हारी आँखों में हिंसक आग जलती है
दाँतों के खिलाफ चलते हैं दाँत
निचला जबड़ा ऊपरी जबड़ों को पीसता है
रोशनी थर्राती है—विस्फोटक कौंध

हवाएँ खौलती है—तेजाब की तरह
हर जुबान पर जलता है एक मारक शब्द
'क्रान्ति'
लेकिन तब—शब्दों की कलई उतरते ही
स्वस्तिक करुणा
खूँख्वार जबड़े में तबदील होने लगती है
अब वे बिल्कुल नंगे हैं
हत्यारों ने फेंक दिए हैं
सारे शब्द और विचार
उन्होंने हथियार उठा लिए हैं इस वक्त
इस वक्त तुम्हें तय करना है कि तुम
क्या करोगे ?

वापसी

हरा पेड़ आईने की मानिन्द
लहक रहा है बच्चे की भूखी
चिल्लाहट में।
चूल्हे का कोयला और पतीली की दाल
बुदबुदाते हैं—रोटी का क्या हुआ ?
औरत आँचल ठीक करती है,
एक कनफटी कमीज
खूँटी पर झूलती है दौड़-धूप के बाद
बेतहाशा लौटे आदमी का मुँह
धोती है बाल्टी। चौका बुलाता है
"ओह ! आह !! अच्छे बच्चे रोते नहीं"
आईना दरकता है
पेड़ इसी तरह जलावन बनते हैं।
पिता का दिल मर्द की तरह टूटता है
और चूल्हे की आग
उसकी आँखों में जलने लगती है
हे भाई हे ! अगर चाहते हो
कि हवा का रुख बदले
तो एक काम करो—
हे भाई हे !!
संसद जाम करने से बेहतर है—
सड़क जाम करो।

अब मैं अगली योजनाओं पर बात करूँगा

साथियो ! सूर्योदय,

वनस्पतियों के हाथ लगी रसद-सामग्री
वहाँ खिसका दो पेड़ों की अगली कतार में
और
चिड़ियों को चहचहाने दो

प्रशिक्षण की भाषा में
यह है रक्त-शिखर
मुहिम यहाँ से शुरू होती है

तनी मांसपेशियों को छोड़कर
आँतों के पीछे
ठीक यहाँ—रहती है भूख—
जाना है बाएँ से—क्या कहा द्वार से ?
नहीं—नहीं—साथी
इसे ठीक-ठीक घोख लें—
ऊबड़ दरार से।

लोहसाँय

ठेलू ठीहे पर जाता है
और जुगाड़ जमाता है

काँटा काँटे पर फिट हो रहा है
कील से कील भिड़ रही है

न सूत भर इधर
न सूत भर उधर
यह रहा कमासुत हथौड़ा–
बजर बनता है
छेनी सँड़सी में ऐसे तनी है
जैसे गुदार मांस में धँसा हुआ दाँत
पेंच जहाँ ढीले थे, थर दिए गए हैं
मशीन बिल्कुल तैयार है
खराद के लिए

मगर कहाँ है 'बिलाक'
नकशा कहाँ है
कहाँ है औजारों की बाँक
और सबसे जरूरी–सधे हुए हाथ
कहाँ हैं

रोटी कितनी मशक्कत से मिलती है
इस पैने वक्त

जबकि चीजें बेशुमार
बनैली शक्लों में बदल रही हैं
और लोहा जहाँ गलत मुड़ गया है
ठोंक कर ठीक हो सकता है

पलटू टेम पर नहीं आता
ठेलू की मिस्त्री से शिकायत है

ठेलू ठीहे पर जाता है
धुकनी की मरी हुई खाल को
निहारता है
बुझे हुए कोयले छाँट कर
भाथी धधकाता है
लोहसाँय चालू होती है
एक-एक कर आते हैं किसान—
खेतिहर—मजूर

गाँव—गिराँव से
सलाम—रमरम्मी के बाद

ठेलू फरगाता है फाल
गड़सा, खुरपी, कुदाल¨

हँसी-मजाक, बतकही चलती रहती है
इसी के दौरान

इधर-उधर देखकर
धीरे से कहता है टेकू बनिहार

—'हँसुए पर ताव जरी ठीक तरे देना
कि धार मुड़े नहीं आजकल
छिनार निहाई ने
लोहे को मनमाफिक हनने के लिए
हथौड़े से दोस्ती की है।'

सब ठठाकर हँसते हैं
ठेलू मतलब दहाकर मुसकाता है
और आँच लहकाता है

कमरा

वह कमरा अब कविता बन गया है उनके लिए
दीवारें-जैसे चार पंक्तियाँ हैं और छत
उन्हें एक दूसरे से बाँधती हुई एक वाजिब तुक है
मुझे दुख है कि इससे अधिक सटीक भाषा
मेरे पास नहीं है जबकि चार जनों से भरा पूरा कमरा
इससे कुछ ज्यादा लगता है

—पिता एक्का हाँकता है
माँ कोठी में बरतन माँजती है
बेटी जवान है—उसके जिम्मे
सन्तरों की बिक्री का काम है
बेटा पढ़ता है तीसरी जमात में

यह सब दिन काटने का सरंजाम है
और रात में
एक ही कमरे में सोते हैं चार जन
एक दूसरे से अपनी टाँगें बचाते हुए
उनके सिर हाथों के ऊपर
एक—दूसरे को पहचानते हैं

—बेटी जानती है कि माँ को पेट रह गया है
बेटा जानता है कि बहन की छाती पर
'पाका' नहीं—'क्या' है
माँ-बाप समझते हैं कि बच्चे
समझदार हैं

बहरहाल, वे सब जानते हैं—
सिरकी पर टँगी, मटमैली धोती, मामूली आड़ है
कोई संसद-पटल नहीं, जहाँ देश-हित के नाम
एक प्रस्ताव लटका दिया गया है

आदम इरादों से बित्ता भर उठी हुई पृथ्वी

ओ अपराध सी अन्धी
पाप सी उजागर

आदम इरादों से बित्ता भर
ऊपर उठी हुई पृथ्वी

तुझ पर
हर ओर से चोट हो रही है
तू वक्त के तहखाने में
लगातार हारते जुआड़ी के हाथों की
नोट हो रही है

देह से बहुत बाहर
मैं तेरा बेटा हूँ
तू मेरी माँ है
मगर, सुन—
हम दोनों के बीच का रिश्ता
कहाँ है
पता नहीं कब गिर गया वह
तेरे आँचल
मेरी फटी हुई जेब से

इन दिनों
खाली हाथ हम
दोनों जीने के लिए विवश हैं
एक-दूसरे को दिए गए फरेब से

खून का हिसाब

अपराधी की आत्मकथा-सी सपाट है सामने की दीवार
आग के खिलाफ उगल कर आग खामोश हो गई है
अहिंसक पिस्तौल ! रोजनामचा एक फर्जी तफतीश डकार कर
बनिया तोंद की तरह खूभ गया है और एक
गलीज़ चेहरा अमन कायम करने की मुद्रा में
नोनछई ईंट-सा भसक कर गर्दन की थून्ह पर गिर पड़ता है

जिस वक्त कुर्सी अपने हाथ साफ कर रही है। छाती से
बमकते हुए खून की तरह उछलता है नौजवान
रक्त और कीचड़ से सना हुआ फौरी प्रतिवाद। झुक कर,
झिझक कर, घूम कर पंजों पर—हुमक कर पूरी घृणा
के साथ धोखे की यातना के खिलाफ एक हिंस्र चीख।
धुँधले में दगी हुई कट्टा बन्दूक। बदले की
दारुण चीत्कार अपने ही खून के दायरे में
तड़प कर गूँजती है—गूँज कर तड़पती है।

बाहर अशोक के पेड़ खड़े हैं चुपचाप।
एक बच्चा बगल में बस्ता दबाए स्कूल जा रहा है
एक नन्ही लड़की गुड्डे से खेल रही है। दाई माँ ! दाई माँ !!
क्या तुम्हें खबर है

गुमनाम जगह—सड़क की पटरी—लाश की शिनाख्त नहीं
चीरघर—पुलिस तफतीश—सत्ता के भी अपने मजाक
होते हैं।

खबरों के पीछे खबरें चलती हैं, ऐसे में सच्चाई
आईना बनती है धारदार
दुर्घटना की बेमुरव्वत जगह से दूर

कोसों दूर जब आँसू अंगारे बनते जा रहे हैं
शब्दों के कुहराम में सिर्फ बदला गूँजता है;
चेहराभर आईने के सामने—
बालों में रोती हुई कंघी से एक कमसिन भुजाली
खून का हिसाब चुकता करने की कसम
खाती है।

नींद के बाद

बच्चा सुला दिया जाता है लोरियों से
झिड़कियों में पीपल का भूत पलकों को मूँदता है
तारों भरे आसमान में सपनों के नीचे
माँ का हृदय कथरी-सा बिछता है। मगर पिता जागता रहता है
सोए हुए जंगल की मनाही के बावजूद
एक फूल बसन्त का दरवाजा खटखटाता है
बेटा एक फूल है; एक नन्हा विचार
वह सोचता है बेटे का भविष्य :
जिन्दगी के तमाम दुख-दर्द, लालचें
लोरियाँ, लड़ाइयाँ और पीपल के भूत
ये सब सिर्फ नींद के बहाने हैं
लेकिन बच्चा खाएगा क्या ? कैसे जिएगा ?
बच्चा जब जागेगा—क्या माँगेगा ?
मुँह खोलेगा तो क्या बोलेगा ?
पिता अपने बारे में सोचता है और चुपचाप
बच्चा उतरता है पिता के भीतर
धीरे-धीरे फैलती हैं अंतड़ियाँ
खून दौड़ने लगता है नसों के बीच
नाखून बढ़ते हैं : दाँतों में तेजी आती है
जबड़े कसते हैं : आँखों में बमकती है आग

पिता फूलता है, फैलता है, फड़कता है
फड़फड़ाता है, फट जाता है—हे राम ! हाय राम !!
ओ हत्याकाण्ड के साक्षी आकाश ! रात की शुरुआत के साथ ही
भोर की पदचाप सुनाई पड़ने लगती है
और नींद के बाद
अब तारे नहीं चमक रहे हैं कहीं
सोए हुए बच्चे के होंठ हलकी हँसी से रँगे हैं
पिता की आँखों में फैसले की नमी है
और पूरब में फैली हुई लालिमा
उसके विचारों का रंग बन चुकी है।

रात्रि-भाषा

हाथों की भाषा
आँखों के संकेत
अच्छी तरह जानते हैं दोस्त !

दुश्मन की बेचैनी हर जगह
हथियार से टटोल रही है

यह है पेट
अँतड़ियाँ यहाँ हैं

भूख के आँसू ? इन्हें चलने दो
और यह रहा गुस्सा
हड़कम्प तेवर
आदमी होने की बान
इसे जाम करो

कविता

"लोकतन्त्र के
इस अमानवीय संकट के समय
कविताओं के जरिए
मैं भारतीय
वामपन्थ के चरित्र को
भ्रष्ट होने से बचा सकूँगा" एक मात्र इसी विचार
से मैं रचना करता हूँ अन्यथा यह इतना दुस्साध्य
और कष्टप्रद है कि कोई भी व्यक्ति
अकेला होकर मरना पसन्द करेगा
बनिस्बत इसमें आकर
एक सार्वजनिक और क्रमिक
मौत पाने के।

भूख

गेहूँ की पौध में टपकती हुई लार
लटे हुए हाथ की
आज की बालियों के सेहते पूछती है।
कोई नारा नहीं, न कोई सीख
सान्त्वना के बाहर एक दौड़ती जरूरत
चाकू की तलाश में मुट्ठियाँ खोलती है फैली हुई
हथेली पर रख देती है—

एक छापामार संकेत
सफर रात में तै करना है।

आततायी की नींद
एतबार का माहौल बना रही है
लोहे की जीभ ! उचारती है
कविता के मुहावरे,
ओ आग ! ओ प्रतिकार की भावना !!
एक फूल की कीमत हजारों सिसकियों ने चुकाई है।
भूख की दर्शन-दीर्घा से कूदकर
मरी हुई आँतों का शोर
अकाल की पर्चियाँ फेंकता है।
आ मेरे साथ, आ मेरे साथ आ !

हड़ताल का रास्ता हथियार क रास्ते से
जुड़ गया है।

पिता की पसलियों से माँ की आँखों से गुजर
भाई के जबड़े से होती हुई मेरे बेटे की तनी हुई
मुट्ठी में आ ! उतर ! आ !

ओ आटे की शीशा !
चावल की सिटकी !

गाड़ी की अदृश्य तक बिछी हुई रेल
कोशिश की हर मुहिम पर
मैं तुम्हें खोलूँगा फिश-प्लेट की तरह
बम की तरह दे मारूँगा तेरे ही राज पर
बीन कर फेंक दूँगा
मेहनतकश की पसलियों पर
तेरा उभार बदलाव को साबित करता है
जैसे झोंपड़ी के बाहर
नारंगी के सूखे छिलके बताते हैं
अन्दर एक मरीज़ अब
स्वस्थ हो रहा है
ओ क्रान्ति की मुँहबोली बहन !
जिसकी आँतों में जन्मी है
उसके लिए रास्ता बन।

प्रस्ताव

लिखो बसन्त !
ठीक—बस—अन्त लिखो।

हवा और रक्त की हरकत का रुख
सूरज की तरफ है
सूरज का रुख है तुम्हारे चेहरे की ओर

ए झुकी हुई गरदन !
थुक्का जिन्दगी !!
तुम्हारा चेहरा किधर है

क्या सचमुच तुम्हारे गुस्से की बगल में
खड़ा हो रहा है पत्तों में
बजता हुआ चाकुओं का शोर ?

तब लिखो बसन्त
पेड़ पर नहीं
चेहरों पर लिखो !

मैंने कहा—

खून सनी अँगुलियों

और अभाव के बीच
हमले का खुला निशान है ए साथी !

जब खून में दौड़ती है आग
चेहरा आँसू से धुलता है
उस वक्त इतिहास का हरेक घाव
तजुरबे की दीवार में
मुक्के-सा खुलता है ए साथी !

तुमने कहा–

दुर्घटनाओं का सिलसिला
जारी है भूख
हड्डियों में बज रही है।
पत्तियों की चीख के बावजूद
पेड़ों को वनमहोत्सव से
बाहर कर दिया गया है

फिर भी लिखो बसन्त

यह रक्त का रंग है
वक्त की आँख है
पत्थर पर घिसे हुए शस्त्र की–
भभक वाले मेरे उत्तेजित आदिवासी विचार
रुको और देखो हवा का रुख
पैनाते हुए सारे तीर और तरकश
टिका दो यहाँ–

ठीक–यहाँ–कविताओं में
राजनीतिक हत्याओं का प्रस्ताव
अमूमन, स्वीकृत है
और पहली बार
आत्महीनता के खिलाफ
हिंसा ने पहल की है।

नौ मादा कविताएँ

एक : पी. सुदामा और मूर्ति के लिए

आजादी के 11 वर्षों से पहले
सिर्फ हमारे गुलाम चेहरे
बने थे।
दादी-अम्मा के किस्से से मिला था
कमर के नीचे का
फूलदान, लेकिन पूरा नहीं था
जीवन की आती हुई गूँज से उभरा
नीली लपटों वाला उजला तिकोन
अधबना था गुलामी के
अधम अभागे दिनों से पहले
और उसके बाद का दिन।
दोपहर में अन्धा होने का खेल
खेलते हुए सहसा हमने छू ली थी
छाती पर उगी हुई कँवल-गाँठ।
घुटने-भर पानी में बित्ता भर कीचड़ था
और दिन के ठीक बीचोंबीच
जब धूप बारिश होने का बहाना बुन रही थी

हमने मंगल-ग्रह को शुक्र के साथ चुपके-चुपके
बातें करते हुए पकड़ा था
जाँघों में सोई हुई नदी के दहाने पर
उस वक्त साहस को
सच कहने की आदत नहीं थी।

दो : पत्नी के लिए

देह तो आत्मा तक जाने के लिए सुरंग है
रास्ता है।
तुम्हारी अँगुलियाँ जैसे कविता की
गतिशील पंक्तियाँ हैं।
तुम्हारी आँखें कविता की गम्भीर
किन्तु कोमल कल्पना है
तुम्हारा चेहरा
जैसे कविता की
जमीन है
तुम एक सुन्दर और सार्थक
कविता हो मेरे लिए।

तीन : सत्यभामा

सूर्योदय :

घोड़े के टाप के नीचे
नींद का कुचला हुआ चेहरा है
और मुँह के फीके स्वाद में
एक सपना तैर रहा है।

अपने दाँतों के नीचे से खींचकर निकालता हूँ
रात की नंगी देह
जहाँ खबर होने से पहले ही
शहर खत्म हो चुका है। उबासियों में ऊँघते
तुम्हारे नितम्ब
फून की तरह, युवा नजरों के इशारों पर
टंकित करते हैं।
"हलो हलो" करता हुआ
देह के अँधेरे में
नीली नस-नाड़ियों वाला,
उत्तेजित चमड़ा चिल्लाता है
और मेरी जाँघें, भाषा के खिलाफ—
शहर-कानून का उल्लंघन करती है।

खिड़की से कुछ पूछता है पेड़
और लड़की से कुछ
युवा लड़का पूछता है
क्या दोनों एक ही सवाल
पूछते हैं ?

चार : पुरबिया सूरज

पुरबिया सूरज
एक लम्बी यात्रा से लौट
पहाड़ी नदी में घोड़ों को धोने के बाद
हाँक देता है काले जंगलों में चरने के लिए
और रास्ते में देखे गये दृश्यों को
घोंखता है।

चाँद :

पेड़ के तने पर चमकता है
जैसे जीन से लटकती हुई हुक
और रेवा के किनारे
मैं द्रविड़ की देह से बहता लहू हूँ
मैं अनार्यों का लहू हूँ
नींद में जैसे
छुरा भोंका गया।

पाँच : पाँचवें पुरखे की कथा

उनके लिए पूजा-पाठ :
केवल ढकोसला था
ऐसे अहिंसक कि—
उनकी बन्दूक में
बया का घोंसला था

ऐसे थे संयमी कि—
औरत जो एक बार
जाँघ से उतर गई
उनके लिए मर गई
चतुरी चमार की
लटुरी पतौह को

x x

रात भर जूझते हैं देह के अँधेरे में
और सुबह हम अपनी
खाइयाँ
बदल लेते हैं।

x x

अगर वह अपनी छाती पर एक कील

गाड़ने दे तो, सोचता हूँ-
उस भूखे लड़के के देह पर एक तख्ती लटका
दूँ। ''यह 'संसद' है—
यहाँ शोर करना सख्त मना है।"

छह : चमड़े को गाने दो प्यार

"चमड़े को गाने दो प्यार
यौवन अराजक तत्त्वों से बनता है।
चमड़े को गाने दो प्यार"

भाषा की तंगी में लगभग
नंगी होती हुई औरत ने कहा
'इच्छाओं के लोकतन्त्र में हम चमड़े का
सिक्का चलाएँगे।' अपने संस्कार के
वर्जित प्रदेश से
पाँव रखते
डरते हैं

फिर भी
हम ढूँढेंगे
रक्त मांस मज्जा के व्यवहारिक व्याकरण में
देहरस। खूँटी अगर पूछती है
तौलिया से तो पूछे शरीर के
छिपे हुए हिस्से का भेद लेकिन हम
चुपचाप सारे के सारे रहस्य, काम-सूत्र

सारी किताबों का अन्धकार चौके में
ऊबती पतीली के सिर रखकर
सोयेंगे एक बड़ी मीठी सहभोग नींद
वर्षा के बाद खुली घास की सहज तृप्ति
भोगेंगे।

सात : प्यार

प्यार—
मैं। सुनता हूँ खून में
अन्धाकुप का साइरन अपनी शिराओं में
सुनता हूँ मगर नहीं जानता—
यह साइरन
अन्धाकुप खुलने का है या शुरू
होने का। मैं प्यार को नहीं जानता।
सिर्फ जानता हूँ कि हम दोनों
ज्यादातर चुप हैं या जब भी हम बोलते हैं
मेरे शब्द तुम्हारे शब्दों को
ढक लेते हैं।

मैं
छोटी-छोटी सुविधाओं के मोर्चों पर
मारा गया
कुल का एक बटा सात
ब्याह के दिन मारा गया मैं
मेरी सुहागरात
उस सितारे की चीख थी

जो सागर में चमकी और बिना किसी
भाषा के बुझ गई।

शेष का एक बटा दो
दफ्तर की फाइलों में तलाश लो।

आठ : स्त्री

मुझे पता है
स्त्री—
                देह के अँधेरे में
                बिस्तर की
                अराजकता है।
स्त्री पूँजी है
बीड़ी से लेकर
बिस्तर तक
विज्ञापन में फैली हुई।

नौ :....

अन्त में हमने तय किया अपनी टाँगें
अब शरीक नहीं करेंगे हम अपनी
दिनचर्या में अपने बिस्तर की
सेहत के लिए

प्रार्थना करेंगे
चमड़े की जिल्द में बँधी हुई अपनी मुहब्बत
का मजा
रोजमर्रा के खर्च में जमा करते हुए।

❑❑